# TABLEAU

## DES

## USANCES

### ET

## JOURS D'ÉCHÉANCES

### ADMIS

## DANS LES PRINCIPALES VILLES

## DE COMMERCE;

Par M. GORNEAU.

## A PARIS;

Chez l'Auteur, Cloître Saint Merry.

M. DCC. LXXXIV.

*AVEC APPROBATION ET PERMISSION.*

# *AVERTISSEMENT.*

ON a demandé depuis long - temps un Tableau qui fît connoître aux Négocians les jours de grace & l'échéance des Effets de Commerce. J'ai fait ce Tableau après m'être assuré des regles & des usages des principales Villes , tant par des autorités particulieres , que par les Certificats d'un grand nombre de Jurisdictions Consulaires. Comme je n'ai eu en vue que l'utilité générale, je prie Messieurs les Négocians , s'ils reconnoissoient des erreurs dans ce Tableau , de vouloir bien m'en instruire directement, & de m'indiquer les Villes qu'il conviendroit d'y ajouter , avec les usages & les regles particulieres qui s'y observent , afin que dans une nouvelle Edition on puiſſe rectifier les erreurs involontaires qui auroient pu ſe gliſ-ſer dans celle-ci.

GORNEAU.

# TABLEAU
## DES USANCES
### ET
### JOURS D'ÉCHÉANCES

*ADMIS dans les principales Villes de Commerce.*

| NOMS DES VILLES. | OBSERVATIONS. |
|---|---|
| **ABBEVILLE,** Ville de France dans la Picardie. | LES Lettres-de-change ont dix jours de grace, excepté celles à vue, qui doivent être payées ou protestées à présentation, ou, au plus tard, vingt-quatre heures après, comme aussi celles à jour *préfix.*<br>Les Billets, valeur reçue comptant, dix jours de grace.<br>Billets en marchandise, un mois; & deux mois pour les diligences ( 1 ).<br>Certificat des Juge & Consuls, du 30 Mai 1783. |

( 1 ) C'est-à-dire que le Porteur doit se présenter dans les trois mois.

| NOMS DES VILLES. | OBSERVATIONS. |
| --- | --- |
| AGDE, Ville de France dans le Bas - Languedoc. | *Voyez* ALAIS. |
| AGEN, Ville de France, Capitale de l'Agénois, Province de la Guienne. | *Voyez* ALAIS. |
| AIGLE (L'), Ville de France dans la Basse-Normandie. | Comme à ROUEN. |
| AIRE en Artois. | Les Lettres-de-change 10 jours. Billets, valeur comptant, 10 jours. Billets en marchandises, 1 mois. *Voyez* la Note sur Saint-Quentin. |
| AIX, Ville de France, Capitale de la Provence. | |

| NOMS DES VILLES. | OBSERVATIONS. |
| --- | --- |
| **A L A I S,** Ville de France dans le Bas-Languedoc. | Le Porteur d'une Lettre-de-change peut protefter le lendemain de l'échéance, ou attendre 10 jours.<br><br>Il en eft de même pour les Billets. On peut même ne protefter que, dans les 3 mois, ceux en marchandifes. |
| **ALBI** *ou* **ALBY,** Ville de France dans le Haut-Languedoc. | *Voyez* **A L A I S.** |
| **A L E N Ç O N,** Ville de France dans la Normandie. | Comme à **P A R I S.**<br><br>Certificat des Juge-Confuls d'Alençon, du 3 Décembre 1782. |
| **AMBLETUZE,** Ville de France dans la Picardie. | Comme à **P A R I S.**<br><br>*Voyez* **A M I E N S.** |
| **A M B O I S E,** Ville de France dans la Touraine. | *Voyez* **T O U R S.** |

| NOMS DES VILLES. | OBSERVATIONS. |
|---|---|
| **AMBRES,** Ville de France dans le Haut-Languedoc. | Comme à **ALAIS.** |
| **AMIENS,** Ville Capitale de la Picardie. | Comme à **PARIS.** Certificat des Juge & Confuls, 3 Janvier 1783. |
| **AMSTERDAM,** Ville de Hollande. | L'Ufance d'Amfterdam eft comptée du mois tel qu'il eft, & non de 30 jours.<br>Amfterdam tire pour l'ordinaire fur les Places de fa correfpondance : Sçavoir ;<br>Sur Dantzic, à 40 jours de date.<br>Francfort, à ufance de 14 jours de vue, ou en Foire.<br>Konigsberg, à 41 jours de date.<br>Lille, à ufance d'un mois après la date.<br>Breflaw, à fix femaines de date.<br>Sur Cadix, Gênes, Livourne, Madrid, Venife, } à ufance de 2 mois ou de 60 jours de date.<br>Sur Geneve, à deux ufances de 30 jours de date.<br>Sur Londres, Paris, } *Idem*.<br>Sur Hambourg, à quelques femaines de date.<br>Vienne, à ufance de 14 jours de vue.<br>Leipfick, en Foires. |

ANCONE,

| NOMS DES VILLES. | OBSERVATIONS. |
| --- | --- |
| ANCÔNE, Ville d'Italie. | *Voyez* LIVOURNE. |
| ANDUSE, Ville de France, dans le Bas-Languedoc. | Comme à ALAIS. |
| ANGERS, Capitale du Duché d'Anjou. | Dans cette Ville & son arrondissement, Les Lettres de Change & Billets, valeur comptant, } 10 jours de grace. En Marchandises, un ou trois mois, à la volonté du Porteur, à jour préfix ou en Foire, point de jours de grace. Certificat du 4 Janvier 1783. |
| ANGOULÊME, Capitale de l'Angoumois. | Lettres de Change, Billets, valeur comptant, Billets en marchandises, } 10 jours de grace. Le Porteur a cependant la faculté de ne faire le protêt d'un billet en marchandises, que dans les trois mois, sans nuire à son action en garantie. Certificat du 30 Mai 1783. |
| APT, en Provence. | Comme à ARLES. |

| NOMS DES VILLES. | OBSERVATIONS. |
|---|---|
| **ARLES** en Provence. | Il n'y a point de jours de grace ; cependant les Porteurs ont la faculté d'attendre 9 jours pour les Lettres-de-change & Billets, valeur reçue comptant ; <br> Et même trois mois pour ceux valeur en marchandifes, fans pour cela perdre leur action en garantie. <br> Certificat du 6 Janvier 1783. |
| **ARMENTIERES,** Ville des Pays-Bas. | Comme à LILLE. |
| **ARRAS,** Capitale de l'Artois. | Lettres-de-change, Billets valeur comptant, } 10 jours. <br> Billets en marchandifes, 1 mois. |
| **ATH,** Ville des Pays-Bas, dans le Hainaut. | Comme à VALENCIENNES. |
| **AVALONS,** Ville de France en Bourgogne. | Comme à DIJON. |
| **AUBUSSON,** Ville de France, dans la Marche. | Comme à LIMOGES. |

| NOMS DES VILLES. | OBSERVATIONS. |
| --- | --- |
| AUGSBOURG ou AUGUSTE, Ville d'Allemagne , Capitale de la Souabe. | Toutes les Lettres-de-change se paient par écriture, comme celles sur *Lyon*, *payables en paiement* : ces *viremens* ou *compensations* se font tous les Mardis de chaque semaine ; le lendemain on paie, au comptant ou en assignations , le solde des Parties qui n'ont *pu se rencontrer.* Les Lettres qui échoient le Mardi , n'ont qu'un jour de *respect* ou de grace , parce qu'elles doivent être payées le lendemain Mercredi. Celles qui échoient un Mercredi , jouissent de 8 jours de grace, parce qu'elles ne sont payées que le Mercredi de la semaine suivante. Les Lettres à usance doivent être acceptées à leur présentation ; mais celles à 2 , 3 & 4 usances, ne le font que 15 jours avant leur échéance. |
| AVESNE, Ville de France, dans le Hainaut. | Les Lettres-de-change , Billets valeur comptant, Billets en marchandises , sont exigibles 6 jours après l'échéance. <br> Edit de 1718. |
| AVIGNON. | Comme à BORDEAUX. |
| AUMALE, Ville de France , dans la Haute-Normandie. | Comme à ROUEN. |
| AURAIS, Ville & Port de France , dans la Basse-Bretagne. | Comme à RENNES. |

| NOMS DES VILLES. | OBSERVATIONS. |
|---|---|
| AURILLAC, Ville de France, dans la Basse-Auvergne. | Comme à PARIS. |
| AUTUN, Ville de France, en Bourgogne. | Comme à DIJON. |
| AUXERRE, Ville de France, en Bourgogne. | Comme à PARIS. Certificat du 14 Juin 1783. |
| AUXONNE, Ville de France, en Bourgogne. | Comme à DIJON. |
| BASLE, en Suisse. | Voyez BERNE & GENEVE. |
| BAPAUME, Ville de France, dans l'Artois, cinq lieues d'Arras. | Lettres-de-change, Billets valeur comptant, } 10 jours. Billets en marchandises, 1 mois. Certificat des Juges & Echevins, du 23 Janvier 1782. |
| BARCELONE, Ville maritime d'Espagne. | L'usance des Lettres de Barcelone est réputée de 60 jours de date. |

| NOMS DES VILLES. | OBSERVATIONS. |
|---|---|
| BARFLEUR, Ville de France, dans le Côtentin, en Normandie. | Comme à ROUEN. |
| BAR-SUR-AUBE, Ville de France, dans la Champagne. | Comme à TROYES. |
| BAR-SUR-SEINE, Ville de France, en Bourgogne. | Comme à DIJON. |
| BAVEY, Ville de France, dans le Hainaut. | Les Lettres-de-change, Billets valeur comptant, & Billets en marchandifes, font exigibles 6 jours après l'échéance. Edit de 1718. |
| BAYEUX, Ville de France, en Normandie | Comme à PARIS. |
| BAYONNE, Ville de France, en Gafcogne, Capitale du Labour. | Dans la rigueur, tous Billets & Lettres-de-change ne jouiffent d'aucuns jours de grace ; mais il eft d'ufage affez conftamment reçu, que le Porteur ne fe préfente pour toutes fortes d'Effets, que le dixieme jour ; c'eft-à-dire, qu'on n'envoie recevoir que le 30 une Lettre ou Billet échu le 20. Cependant, fi l'on fe préfentoit le lendemain 21, on pourroit protefter faute de paiement. Certificat des Juge & Confuls de Bayonne, du 11 Février 1783. |

| NOMS DES VILLES. | OBSERVATIONS. |
|---|---|
| BEAUCAIRE, Ville de France, en Languedoc. | Comme à TOULOUSE.<br>*Nota.* Les Effets payables en Foire, ne peuvent *s'exiger* ou *protefter* que le dernier jour de la Foire. |
| BEAUFORT, en Anjou. | Comme à ANGERS. |
| BEAUFORT, en Champagne. | Comme à TROYES. |
| BEAUJEU, Ville de France, dans le Beaujolois. | Comme à PARIS. |
| BEAUMONT, Ville de France, dans le Hainaut. | Comme à VALENCIENNES.<br>Edit de 1718. |
| BEAUMONT-SUR-OISE. | Comme à PARIS. |
| BEAUMONT-LE-ROGER, Ville de France, en Normandie. | Comme à ROUEN. |
| BEAUVAIS, Ville de France, Capitale du Beauvoifis. | Comme à PARIS. |

| NOMS DES VILLES. | OBSERVATIONS. |
|---|---|
| **BESANÇON.** | Les délais font les mêmes que ceux établis par l'Arrêt du Parlement de Bourgogne. *Voyez* D I J O N. |
| **BERGAME.** | Les Lettres-de-change tirées fur Bergame, n'ont aucuns jours de grace. Elles doivent être préfentées à l'acceptation le même jour qu'on les reçoit ; à défaut d'acceptation, on doit les protefter, ainfi que le jour de l'échéance, à défaut de paiement. Les protêts doivent être faits à la banque de la Jurifdiction de Commerce.<br><br>*Nota.* Bergame tire fur les Places de fa correfpondance, aux mêmes ufances que Venife.<br><br>L'ufance des Lettres-de-change tirées de Venife & Milan fur Bergame, y eft compofée de vingt jours ; & celles tirées de Zurich, de quinze jours après l'acceptation. |
| **BERLIN.** | L'ufance de Berlin, pour la plupart des Places de fa correfpondance, eft de quinze jours de vue ; & celle des Lettres fur Berlin, eft de quatorze jours.<br><br>Toutes les Lettres fur Berlin ont trois jours de faveur ; mais il faut protefter le troifieme jour. |
| **BERNAI,** Ville de France, en Normandie. | Comme à R O U E N. |
| **BERNE,** EN SUISSE. | Il n'y a point de Change établi à Berne : on s'y regle fur Geneve. |

| NOMS DES VILLES. | OBSERVATIONS. |
|---|---|
| BETHUNE, Ville de France, en Artois. | Les Lettres-de-change, Billets valeur reçue comptant, } 10 jours. Billets en marchandifes, 1 mois. *Voyez* SAINT-QUENTIN. |
| BEZIERS, Ville de France, en Languedoc. | Comme à TOULOUSE. |
| BLAYE, Ville de France, en Guienne, dans le Bordelois. | Comme à BORDEAUX. |
| BLOIS, Ville de France, Capitale du Blé-fois. | Comme à CHARTRES. |
| BOLOGNE, Ville d'Italie. | L'ufance des Lettres-de-change fur Bologne, eft comptée de huit jours après l'acceptation, non compris celui de l'acceptation, ni celui de l'échéance ; enforte qu'une Lettre à ufance qui feroit acceptée, par exemple, le 3 du mois, devroit être payée le 12 du même mois, ou proteftée le même jour, à moins que ce ne fût un jour de Fête. En ce cas, cette Lettre ne devroit être payée que le premier jour ouvrier fuivant ; & à défaut de paiement, proteftée le même jour. |
| BOUCHAIN, Ville du Hainaut. | Les Lettres-de-change, Billets valeur comptant, & Billets en marchandifes, font exigibles fix jours après l'échéance. Edit de 1718. |

BOULOGNE

| NOMS DES VILLES. | OBSERVATIONS. |
| --- | --- |
| BOULOGNE-SUR-MER, Ville de France, en Picardie. | Comme à PARIS.<br><br>*Voyez* AMIENS. |
| BORDEAUX. | Lettres-de-change , . . . . . ⎫<br>Billets valeur comptant ( 1 ) , ⎬ 10 jours que le Porteur peut accorder ou refuser ; mais qu'il eſt d'uſage d'accorder.<br>Billets en marchandiſes, . . . ⎭<br><br>Le protêt d'un billet en marchandiſes peut être différé de trois mois , ſans nuire à la garantie du Porteur.<br>*Nota.* Il ſe tient deux foires conſidérables par années à Bordeaux : elles durent quinze jours chacune ; leur franchiſe conſiſte dans l'exemption du droit de comptablie ( 2 ). La premiere de ces deux foires ſe nomme *Foire de Mars* , parce qu'elle commence le premier de ce mois ; la ſeconde , nommée *Foire d'Octobre* , commence le quinze dudit mois.<br>Les billets payables à un jour fixe de la foire doivent être, à la rigueur, payés ou proteſtés le même jour. Il eſt cependant d'uſage de garder les protêts juſqu'au dernier jour de la foire.<br>Les billets payables indéfiniment en foire , ne ſont exigibles, & ne peuvent être proteſtés que le dernier jour de la foire.<br>Certificat du 11 Janvier 1783. |

( 1 ) Et ſont réputés tels tous les billets qui ſont exprimés autrement qu'en marchandiſes.

( 2 ) Droit qui ſe leve au profit du Roi dans la Sénéchauſſée de Bordeaux, à l'entrée & à la ſortie des marchandiſes.

| NOMS DES VILLES. | OBSERVATIONS. |
| --- | --- |
| **BOURGES,** Ville de France , Capitale du Berry. | Comme à PARIS.<br>Certificat du 17 Mai 1783. |
| **BRESLAW,** Ville d'Allemagne, fur l'Oder. | Six jours de grace. |
| **BREST,** Ville Maritime , en Bretagne. | Comme à RENNES. |
| **BRIOUDE,** Ville de France , dans la Baffe-Auvergne. | Lettres-de-change , Billets valeur reçue comptant, } 10 jours.<br>Billets en marchandifes,   1 mois.<br>Il n'y a point de jours de grace , lorfque l'effet eft payable à jour préfix.<br>Certificat des Confuls de Brioude , du 12 Janvier 1783. |
| **BRUXELLES,** Ville du Pays-Bas, Capitale du Brabant. | Comme à LILLE. |

| NOMS DES VILLES. | OBSERVATIONS. |
| --- | --- |
| **CAEN,** Capitale de la Baffe-Normandie. | Et dans les Villes circonvoifines, les Lettres-de-change & les billets valeur reçue comptant , 10 jours de grace. Les billets en marchandifes , un ou trois mois , à la volonté du Porteur. Certificat du 16 Janvier 1783. |
| **CADIX,** Ville Maritime d'Efpagne. | L'ufance des Lettres tirées de Cadix fur Amfterdam , Londres , Paris , Gênes & Livournes , eft de deux mois de date ; & fur Lisbonne l'ufance eft de 15 jours de vue. L'ufance des Lettres-de-change de l'Etranger fur Cadix eft de 60 jours de la date des Lettres, & non de deux mois comme ils fe rencontrent. Les 60 jours fe comptent du jour de la date jufqu'au 60e jour. Les jours de grace font au nombre de fix , qui commencent le lendemain de l'échéance , & finiffent le fixieme jour, auquel il faut recevoir ou faire protefter. |
| **CAHORS,** Ville de France , Capitale du Quercy. | Comme à TOULOUSE. |
| **CALAIS,** Ville Maritime de France, en Picardie. | Comme à PARIS. |
| **CAMBRAI,** Capitale du Cambrefis. | Six jours de grace pour toutes fortes d'effets. *Nota.* Cette regle a lieu pour tout le Cambrefis. Acte de notoriété du 15 Septembre 1783. |

| NOMS DES VILLES. | OBSERVATIONS. |
|---|---|
| CARCASSONNE, dans le Langue-doc. | Le Porteur a la faculté de protester à l'échéance, ou d'attendre 10 jours pour les Lettres-de-change & billets valeur reçue comptant, & trois mois pour les billets en marchandises. |
| CASTELNAUDARI, dans le Haut-Lan-guedoc. | Comme à TOULOUSE. |
| CASTRES, dans le Haut-Lan-guedoc. | Comme à TOULOUSE. |
| CHALONS-sur-MARNE, en Champagne. | Les Lettres-de-change ont 10 jours de grace : 1°. Celles payables à jour fix ou préfix ne jouissent d'aucuns jours de faveur ; 2°. Celles payables en foires doivent être payées ou protestées le dernier jour de la Foire. Billets valeur reçue comptant, 10 jours. Billets en marchandises, un ou trois mois. A jour fix, point de jours de grace. Certificat des Juge & Consuls, du 15 Mars 1783. |
| CHALONS-sur-Saone, en Bourgogne. | Comme à DIJON. |

| NOMS DES VILLES. | OBSERVATIONS. |
| --- | --- |
| CHARLEVILLE, en Champagne. | Comme à TROYES. |
| CHARTRES, Capitale du Pays Chartrain & de la Beauce. | Comme à PARIS.<br>Certificat des Juge & Confuls de Chartres, du 2 Janvier 1783.<br>*Voyez* PARIS. |
| CHATEAU-GONTIER, en Anjou. | Comme à ANGERS. |
| CHATELLERAULT, en Poitou. | Les Lettres-de-change, Billets valeur comptant, Billets en marchandifes, } 10 jours de grace.<br>*Nota.* Pour les billets en marchandifes, le Porteur peut attendre trois mois fans perdre fon recours.<br>On ne protefte point la veille des Fêtes.<br>Certificat des Juge & Confuls, du 8 Février 1783. |
| CHAUMONT, en Champagne. | Comme à TROYES. |
| CHERBOURG, en Normandie. | Comme à ROUEN. |
| CHIMAI, dans le Hainaut. | Comme à VALENCIENNES. |

| NOMS DES VILLES. | OBSERVATIONS. |
|---|---|
| CLAMECY, dans le Nivernois. | Comme à P A R I S. |
| CLERMONT-FERRANT, Capitale de l'Auvergne. | Comme à P A R I S, pour toutes sortes d'effets. Certificat des Juge & Consuls, du 14 Janvier 1783. |
| CLERMONT - LODEVE, dans le Bas - Languedoc. | Comme à A L A I S. |
| COGNAC, dans l'Angoumois. | Comme à A N G O U L Ê M E. |
| COMPIEGNE, dans l'Isle de France. | Comme à P A R I S. Certificat du 30 Mai 1783. |
| CONDÉ, Ville du Hainaut. | Les Lettres - de - change , Billets valeur reçue comptant & Billets en marchandises, sont exigibles six jours après l'échéance. Edit de 1718. |
| COPENHAGUE, Ville du Danemarck. | Cette Place tire sur Amsterdam & Hambourg , à 15 jours de vue ; & sur Londres , à deux mois de date. Les Places qui tirent sur Copenhague, le font à jour certain. Il y a huit jours de faveur , après lesquels il faut faire protester. Les Lettres à vue se paient ou protestent à présentation. |

| NOMS DES VILLES. | OBSERVATIONS. |
| --- | --- |
| CORMEILLES, près Lisieux , en Normandie. | Comme à ROUEN. |
| COSNE, dans l'Orléanois. | Comme à PARIS. |
| CREVE-CŒUR, en Picardie. | Comme à AMIENS. |
| DAMERY, en Champagne. | Comme à TROYES. |
| DARNETAL, en Normandie, est censé Fauxbourg de Rouen , quoiqu'il en soit éloigné d'une lieue. | Comme à ROUEN. |
| DECISE, en Nivernois. | Comme à NEVERS. |
| DIEPPE, dans la Haute-Normandie. | Comme à ROUEN. Certificat du 5 Juin 1783. |

| NOMS DES VILLES. | OBSERVATIONS. |
|---|---|
| **DIJON.** | On fuit un Arrêt de Réglement du 30 Avril 1773, qui ordonne « que *toutes Lettres-de-change & Billets à ordre valeur reçue comptant*, qui doivent être » payés à Dijon & dans les autres Villes, Bourgs » & lieux du reffort de la Cour, jouiront de dix » jours de grace, fans que, pendant ledit délai, » on puiffe les faire payer ou protefter avant le » dixieme jour. » Que les Billets à ordre ou au *Porteur*, ou de » fimples promeffes négociables, caufées pour » valeur reçue en marchandifes, jouiront d'un mois » de grace. » Que dans le cas où le jour fixé pour le protêt » des Lettres ou Billets, échéroit un jour de Fête » ou de Dimanche, le protêt pourra être fait ledit » jour : à l'effet de quoi enjoint à tous Huiffiers de » le faire à la premiere requifition du Créancier, » fans qu'on puiffe protefter la veille. » Ordonne que tous effets de commerce ne joui- » ront d'aucuns jours de grace, lorfque le mot pré- » fix fe trouvera joint au terme du paiement. » Ordonne pareillement que tous effets payables » en Foire, échéront le dernier jour de la Foire. » Certificat du 15 Janvier 1783. |
| **DINANT,** en Bretagne. | *Voyez* RENNES. |
| **DOL,** en Bretagne. | Comme à RENNES. *Voyez* RENNES. |
| **DOL,** dans la Haute-Bretagne. | Comme à RENNES. |

**DONCHERY,**

| NOMS DES VILLES. | OBSERVATIONS. |
|---|---|
| DONCHERI, en Champagne. | Comme à T R O Y E S. |
| DONZI, en Nivernois , par Cône - fur - Loire. | Comme à N E V E R S. |
| DOUAY, dans le Pays-Bas. | Six jours pour tous les Effets de Commerce. Certificat des Juge-Confuls de Saint-Quentin , du 15 Janvier 1783. *Nota.* Il y a à Douay l'Abbaye de S. Amé , dans le Cloître de laquelle demeurent plufieurs Marchands , dont les Lettres-de-change , les Billets valeur comptant ont dix jours , & les Billets en marchandifes un mois , parce que cette Abbaye eft du reffort du Confeil d'Artois. |
| DOURDAN, dans l'Ifle de France. | Comme à P A R I S. |
| DREUX, dans l'Ifle de France. | Comme à P A R I S. |
| DUNKERQUE, dans le Comté de Flandres. | Tous les Effets de Commerce y jouiffent de dix jours de grace. Ils doivent être proteftés le dixieme jour préfix , ni plutôt , ni plus tard , même quand le jour tombe un Dimanche ou une Fête. Tel eft l'ufage immémorial de cette Place. Certificat des Juge & Confuls , du 31 Décembre 1782. |

D

| NOMS DES VILLES. | OBSERVATIONS. |
|---|---|
| ELBŒUF, en Normandie. | Comme à ROUEN. |
| ÉPERNAY, en Champagne. | Comme à PARIS. |
| ETAMPES, en Beauce. | Comme à PARIS. |
| EU, en Normandie. | Comme à ROUEN. |
| EVREUX, dans la Haute-Normandie. | Comme à ROUEN. |
| FALAISE, dans la Basse-Normandie. | Comme à ROUEN. |
| FÉCAMP, en Normandie. | Comme à ROUEN. |
| FONTAINE-L'EVÊQUE, Ville de France, dans le Hainaut. | Comme à VALENCIENNES. Edit de 1718. |

| NOMS DES VILLES. | OBSERVATIONS. |
| --- | --- |
| FONTENAY-<br>LE-COMTE,<br>dans le Bas-Poitou. | Comme à POITIERS. |
| FRANCFORT,<br>SUR LE MEIN. | Toutes les Lettres-de-change fur Francfort, y doivent être payées en carolins , à moins qu'elles ne foient ftipulées autrement.<br>L'ufance des Lettres fur cette Place eft de quatorze jours de vue , qui commencent le jour de l'acceptation.<br>Les Lettres-de-change à ufance & à quelques jours de vue, y ont quatre jours de grace , dans lefquels les Fêtes & Dimanches *ne font point compris*. Les Lettres à vue n'ont point de jours de faveur. |
| GÊNES,<br>Ville d'Italie. | Trente jours de grace. |
| GENEVE. | Geneve tire aux échéances ci-après :<br>Sçavoir ;<br>Sur Amfterdam , Londres , } à deux ufances.<br>Augufte , Nuremberg , Francfort , Leipfick , } à quatorze jours de vue , ou en Foires.<br>Livourne , Milan , } à huit jours de vue.<br>la France , à vue, à courts jours, à ufance & en paiement.<br>Toutes les Lettres fur Geneve doivent être |

| NOMS DES VILLES. | OBSERVATIONS. |
| --- | --- |
| SUITE DE GENEVE. | payées en argent courant, excepté qu'elles ne foient ftipulées en quelques autres efpeces.<br><br>Les Lettres y ont cinq jours de grace, le Dimanche compris.<br><br>L'ufance de Geneve eft de trente jours.<br><br>Ceux qui ont quelque garantie à exercer contre des Marchands de Geneve, au fujet des Lettres-de-change tirées ou endoffées par eux, & proteftées à Geneve, font obligés de faire fignifier les protêts dans les termes ci-après :<br><br>Ceux demeurant dans la Ville, dans huit jours;<br><br>Ceux de Lyon, de Suiffe & de Savoie, dans un mois;<br><br>Ceux d'Angleterre, de Suede & Danemarck, dans trois mois;<br><br>Ceux d'Efpagne & de Portugal, dans 4 mois.<br><br>Si les Lettres ont été proteftées hors de la Ville, les diligences pour recourir contre un Habitant de Geneve, font les mêmes que ci-deffus; le tout à compter de la date du protêt; à faute de ce, les Porteurs defdites Lettres feront déchus du droit qu'ils pourroient avoir contre les Tireurs & Endoffeurs. |
| GIEN, Orléanois. | Comme à AUXERRE. |
| GISORS. | Comme à ROUEN. |
| GOURNAY, en Normandie. | Comme à ROUEN. |

| NOMS DES VILLES. | OBSERVATIONS. |
|---|---|
| GRANDVILLE, en Normandie. | Comme à ROUEN. |
| GRASSE, en Provence. | Comme à ARLES. |
| GRENOBLE, en Dauphiné. | Le Porteur peut faire le protêt le lendemain de l'échéance de tous les effets ; comme il a la faculté d'accorder dix jours pour les Lettres-de-change & Billets valeur reçue comptant, & trois mois pour les Billets en marchandises.<br><br>Certificat des Echevins de Grenoble, du 8 Janvier 1763. |
| GUIBRAY, Fauxbourg de Falaise, où se tient la Foire de Guibray ; quoiqu'elle ne soit censée ouverte que du 15 Août, après l'Office ; cependant elle ouvre le 11 pour la vente des chevaux, & le 13 pour la vente des marchandises. | Les effets payables en Foire, soit qu'ils soient causés valeur en marchandises, ou autrement, font exigibles le huitieme jour de la Foire préfix, à compter du 15, les Fêtes non comprises.<br><br>On fait aussi des Billets payables à un tel jour de la Foire, comme le premier, le second, le troisieme, &c. Ces Billets n'ont point de jours de grace, quelle que soit la valeur y exprimée.<br><br>Ils font exigibles le jour déterminé par le Billet, à compter du 15, les Fêtes non comprises. |

| NOMS DES VILLES. | OBSERVATIONS. |
|---|---|
| HAMBOURG, Ville d'Allemagne, | Hambourg tire ordinairement aux échéances ci-après, fur les Places de fa correfpondance. |

Sur Amfterdam, — à un ou deux mois, à tant de jours ou de femaines de date.

Augufte, Nuremberg, — à trente-trois jours de date.

Breflaw, Prague, Vienne, — à quatre femaines de date.

Copenhague, — à tant de femaines de date.

Francfort fur le Mein, Leipfick, — en Foires & à quelques femaines de date.

Cadix, Lisbonne, Venife, — à deux mois d'ufance & trente jours de date, c'eft-à-dire à foixante jours de date.

Paris, Londres, — à deux ufances de trente jours de date.

On a douze jours de grace, compris les Dimanches & Fêtes, pour le paiement des Lettres-de-change à Hambourg. Si le douzieme jour fe trouve Fête, il faut protefter la veille, ou le onzieme jour.

La plupart des Négocians ne profitent pas des jours de faveur, & paient le jour de l'échéance même.

Les Lettres à vue acceptées, & celles à quelques jours de vue, jouiffent des jours de faveur.

Les Lettres fur Hambourg, à ufance ou mois de date, échoient à la même date qu'elles font tirées : par exemple, une tirée le 24 Mars, échoit le 24 Avril.

La Banque ne fe ferme qu'une fois l'année ; fça-

| NOMS DES VILLES. | OBSERVATIONS. |
|---|---|
| SUITE DE HAMBOURG. | voir, le 31 Décembre, & se rouvre le 14 Janvier.<br><br>Les Lettres qui échoient le 31 Décembre, ou quelques jours auparavant, doivent être payées avant la fermeture de la Banque, & ne jouissent d'aucuns jours de grace; celles qui n'échéroient que les 2, 4 ou 6 de Janvier, ne peuvent être payées que le 14, & pour lors elles ne jouissent d'aucuns jours de faveur. |
| HARFLEUR, en Normandie. | Comme à ROUEN. |
| HAVRE-DE-GRACE. | Comme à ROUEN. |
| HENNEBOUT, OU HENNEBON, en Bretagne. | Comme à RENNES. |
| HOUGUE, OU HOGUE, en Normandie. | Comme à CAEN. |
| HONFLEUR, en Normandie. | Comme à ROUEN. |
| HOUDAN, en Beauce. | Comme à CHARTRES. |

| NOMS DES VILLES. | OBSERVATIONS. |
| --- | --- |
| JOIGNI, en Champagne. | Comme à SENS. |
| JOINVILLE, en Champagne. | Comme à PARIS. |
| ISIGNY, en Normandie. | Comme à CAEN. |
| ISSOUDUN, en Berri, | Comme à BOURGES. |
| LA CHARITÉ-SUR-LOIRE, en Nivernois. | Comme à NEVERS, |
| L'AIGLE, en Normandie. | Comme à ROUEN, |
| LAMBALLE, sept lieues de Saint-Brieux, en Bretagne. | Comme à RENNES, |

LANDRECIE,

| NOMS DES VILLES. | OBSERVATIONS. |
|---|---|
| **LANDRECIE,** en Hainaut. | Les Lettres-de-change, Billets valeur comptant & Billets en marchandifes, font exigibles fix jour après l'échéance.<br>Edit de 1718. |
| **LANGRES,** en Champagne. | Comme à PARIS.<br>Certificat du 17 Juin 1783. |
| **LAON,** en Picardie, Capitale du Laonois. | Comme à PARIS. |
| **LA ROCHELLE,** Ville Capitale de l'Aunis. | L'ufage conftant pour les jours de grace, eft de dix jours pour les Lettres-de-change, les Billets valeur comptant, & ceux valeur en marchandifes. Les protêts ne fe font jamais que le dixieme jour, avec la diftinction que, pour les Billets valeur en marchandifes, *on a trois mois pour faire fes diligences* (1).<br>Certificat du 31 Mai 1783.<br><br>(1) D'après les termes de ce Certificat, il fembleroit qu'après le protêt, le Porteur auroit trois mois pour exercer fon recours ; mais, le protêt fait, j'invite le Porteur à le dénoncer dans la quinzaine, outre un jour par cinq lieues. |

E

| NOMS DES VILLES. | OBSERVATIONS. |
| --- | --- |
| **LAVAL,** dans le Bas-Maine. | Les Lettres-de-change & Billets valeur reçue comptant, dix jours de grace.<br>Les Billets en marchandises, un mois.<br>Certificat des Confuls du Mans, du 19 Janvier 1783. |
| **LAVAUR,** dans le Haut-Languedoc. | Comme à TOULOUSE. |
| **LAUSANNE,** en Suiffe. | Ufances, trente jours.<br>Cinq jours de grace, non compris le Dimanche. |
| **LEIPSICK,** Ville d'Allemagne. | L'acceptation des Lettres-de-change tirées en Foire, fe fait ordinairement le fecond jour après leur ouverture ; il eft néanmoins permis d'en remettre l'acceptation jufqu'à la femaine des paiemens, laquelle ne commence qu'après la publication de la fin des Foires, & dure jufqu'au cinquieme jour fuivant, inclufivement, pendant lequel tems elles doivent être proteftées, faute de paiement; on peut le faire jufqu'à dix heures du foir du cinquieme jour, & plus tard on ne feroit pas reçu.<br><br>L'Ufance de Leipfick eft de quatorze jours de vue, qui ne fe comptent que du lendemain de l'acceptation ; ainfi une Lettre qui feroit acceptée le premier jour d'un mois, eft payable le quinze ; |

| NOMS<br>*DES*<br>VILLES. | OBSERVATIONS. |
|---|---|
| **SUITE DE**<br>**LEIPSICK.** | & fi ce jour étoit un Dimanche , elle le feroit le Samedi.<br>Il n'y a point de jours de grace à Leipfick ; pour être en regle , il faut faire protefter le jour même de l'échéance.<br>On ne peut exiger l'acceptation des Lettres payables au-delà de l'ufance , que lorfqu'il n'y a que l'ufance à courir. |
| **LENS,**<br>Ville de France , en Artois. | Lettres-de-change , } 10 jours.<br>Billets valeur comptant , }<br>Billets en marchandifes , 1 mois.<br><br>*Voyez* SAINT-QUENTIN. |
| **LE QUESNOY ,**<br>Ville de France , dans le Hainaut. | Les Lettres-de-change , Billets valeur comptant, & Billets en marchandifes , font exigibles fix jours après l'échéance.<br><br>Edit de 1718. |
| **LILLE,**<br>Ville Capitale de la Flandre Françoife. | Six jours de grace pour toutes fortes d'effets.<br>Cependant le Porteur peut attendre au dixieme jour inclufivement ; ainfi le protêt fait le dixieme jour , eft bon.<br>Les Lettres à vue ont pareillement fix jours de grace après celui qui date l'acceptation. Sur le refus d'accepter , protefter faute de paiement, fix jours après le protêt , faute d'acceptation. Il en eft de même des Lettres à plufieurs jours de vue. |

| NOMS DES VILLES. | OBSERVATIONS. |
| --- | --- |
| SUITE DE LILLE. | Les Lettres tirées à jour *préfix*, ont pareillement fix jours de grace.<br>Les ufances font comptées pour le mois courant, du 10 Février au 10 Mars, ainfi des autres, & non par le nombre de 30 jours.<br>Edit de 1715.<br>Certificat du 12 Juin 1783. |
| LILLERS, Ville de France, en Artois, fept lieues d'Arras. | Les Lettres-de-change, Billets valeur comptant, } 10 jours.<br>Billets en marchandifes, 1 mois.<br>*Voyez* SAINT-QUENTIN. |
| LIMOGES, Capitale du Limoufin. | Les jours de grace font à la volonté du Porteur, qui, pour les Lettres-de-change, peut attendre dix jours, ou protefter le lendemain ; de même pour les Billets valeur reçue comptant.<br>Il peut auffi attendre trois mois pour les Billets valeur en marchandifes.<br>Certificat du 27 Janvier 1783. |
| LISBONNE, Capitale du Portugal. | Les Lettres acceptées à Lisbonne ont fix jours de *faveur*, ( il faut en exempter celles tirées du Portugal, qui en ont quinze ); celles qui ne font pas acceptées, ne jouiffent d'aucun jour de grace, & doivent être proteftées le jour même de leur échéance. |

| NOMS DES VILLES. | OBSERVATIONS. |
|---|---|
| **LIVOURNE,** Ville d'Italie. | A Livourne , & dans quelques autres Places d'Italie , comme Milan , il n'y a point de tems réglé pour les jours de grace ; le Porteur a la liberté d'attendre quelque tems s'il veut, ou de faire protester à l'échéance. ***PHOONSEN.*** <br> Il faut cependant obferver que les Lettres fe paient fuivant l'ufage de la Place, les Lundis , Mercredis & Vendredis. Ainfi une Lettre qui échéroit le Samedi , ne pourroit être préfentée & proteftée que le Lundi fuivant. |
| **LISIEUX,** en Normandie. | Comme à ROUEN. |
| **LOCHES,** en Touraine. | *Voyez* TOURS. |
| **LODEVE,** Ville en Languedoc. | Comme à TOULOUSE. |
| **LONDRES.** | Trois jours de grace; & fi l'échéance tombe un Dimanche , il faut protefter la veille. |

| NOMS DES VILLES. | OBSERVATIONS. |
| --- | --- |
| L'ORIENT, en Bretagne. | Comme à RENNES. |
| LOUDUN, en Poitou. | Comme à CHATELLERAULT. *Voyez* le *Nota* sur cette Ville. |
| LOUVIERS, dans la Haute-Normandie. | Comme à ROUEN. |
| LUÇON, en Poitou. | Comme à NIORT. |
| LYON. | Il y a à Lyon quatre Foires franches par année, & qui durent chacune quinze jours ouvriers. La premiere, nommée la *Foire des Rois*, commence le Lundi d'après cette Fête ; la seconde, appellée la *Foire de Pâque*, le Lundi après *Quasimodo* ; la troisieme, est celle d'*Août*, & commence le 4 du même mois ; la quatrieme, est celle des *Saints*, & commence le 3 Novembre. Pendant ces quatre Foires, les marchandises qui sortent du Royaume, sont exemptes de tous droits, à l'exception de ceux de la traite domaniale, pourvu que les balles & ballots soient marqués sous l'emballage des armes de Lyon, & qu'ils soient accompagnés de Certificats de franchise. Après chaque quinze jours de Foire, il y en a quinze autres ouvriables, ou non, qui forment ce qu'on appelle *la franchise*, mais qui n'est qu'en faveur des Suisses & Allemands, inscrits à l'Hôtel-de-Ville de Lyon, pendant lesquels ils jouissent des mêmes exemptions que dans le tems de la premiere Foire.<br>Il y a aussi quatre paiemens qui portent les noms des Foires qui les précedent ; l'ouverture doit s'en faire suivant l'article premier du Ré- |

| NOMS DES VILLES. | OBSERVATIONS. |
|---|---|
| **SUITE DE LYON.** | glement de la Place du Change de la Ville de Lyon, du 2 Juin 1667, le premier jour non férié des mois ci-après.<br><br>L'ouverture du paiement des *Rois* se fait le premier de Mars ;<br>Du paiement de *Pâque*, le premier Juin ;<br>Du paiement d'*Août*, le premier Septembre ;<br>Et du paiement des *Saints*, le premier Décembre.<br><br>Suivant le même article, les Lettres doivent être acceptées dans les six premiers jours de chaque paiement, après lesquels on peut les faire protester, faute d'acceptation. Cependant l'usage est d'attendre le 30, pour donner le tems au Tireur de faire les fonds.<br><br>Le 16 du même mois commencent les écritures ; & depuis ce jour jusqu'au 30 ou 31, se font les *Viremens* de partie entre les Negocians, qui, pour cet effet, se rendent à la Loge du Change, à dix ou onze heures.<br><br>Enfin, le paiement en argent comptant, commence le premier jour ouvrier du mois suivant, pendant lequel tems se paient toutes les parties qui n'ont pas été virées au Change. *Le 3, au soleil couchant, on doit faire protester les Lettres en paiement, sans quoi elles seroient aux risques des Porteurs.*<br><br>*Les Lettres sur Lyon, hors des paiemens, doivent être payées le jour même de leurs échéances, n'y ayant dans cette Ville aucun jour de grace.*<br><br>A Lyon, on n'est tenu d'accepter que les Lettres en paiemens ; toutes celles à diverses échéances ne s'acceptent point. |
| **MACON,** Ville de Bourgogne. | Point de jours de grace pour aucun effet. Le Porteur a la faculté de faire protester le lendemain de l'échéance, ou dans les dix jours, à son choix.<br><br>Acte de notoriété du premier Juin 1780. |
| **MADRID,** | L'usance des Lettres tirées de Paris, de Londres & de Gênes, sur Madrid, est de 60 jours de date ; Celle des Lettres de Rome est de trois mois de date préfixe.<br><br>Les Lettres que Madrid tire sur Alicante, Valence, Barcelone, Carthagêne, Cadix & Séville, ainsi que celles que ces six Places tirent sur Madrid, sont à l'usance de huit jours de vue, & elles jouissent les unes & les autres de huit jours de grace. |

| NOMS DES VILLES. | OBSERVATIONS. |
|---|---|
| SUITE DE MADRID. | Les Lettres de Madrid fur Bilbao , & celles de Bilbao fur Madrid, jouiffent de dix-neuf jours de grace, quand elles font à jours nommés ; mais celles à vue doivent être payées à leur préfentation.<br><br>Les Lettres d'Amfterdam , de Londres , de Paris & de Gênes fur Madrid', jouiffent de quatorze jours de grace, qui commencent le lendemain de l'échéance ; & faute de paiement, elles doivent être proteftées le quatorzieme jour de grace.<br><br>Celles de Rome n'ont aucun jour de grace, & doivent être payées le jour préfix de l'échéance, ainfi que les Lettres à vue qui doivent l'être à leur préfentation.<br><br>Les Lettres qu'on a refufé d'accepter, ne jouiffent d'aucun jour de grace, & doivent être proteftées le jour même de l'échéance. |
| MAIENNE ou MAYENNE. | Lettres-de-change , Billets valeur reçue comptant, } 10 jours.<br>Billets en marchandifes , 1 mois.<br>Certificat des Confuls du Mans , du 19 Janvier 1783. |
| MAILLEZAIS , en Poitou. | Comme à NIORT, |
| MAIXENT (S.), en Poitou. | Comme à NIORT, |

MANS,

| NOMS *DES* VILLES. | OBSERVATIONS. |
|---|---|
| **MANS,** Capitale de la Province du Maine. | Les Lettres & Billets cenfés valeur comptant, ou en marchandifes, n'ont que dix jours de grace. Cependant le protêt d'un Billet en marchandifes, fait dans les trois mois, y compris les dix jours, feroit valable.<br><br>Aĉte de notoriété, 28 Oĉtobre 1775, & Certificat du 19 Janvier 1783. |
| **MARIENBOURG,** Ville de France, dans le Hainaut. | Comme à VALENCIENNES.<br><br>Edit de 1718. |
| **MARSEILLE.** | On ne peut pas dire que les Lettres-de-change & Billets valeur reçue comptant, ou en marchandifes, aient dix jours de grace. Il eft libre au Porteur de les accorder & de protefter dans l'un de ces dix jours, comme il peut attendre trois mois pour un Billet valeur en marchandifes.<br><br>Lorfque les effets portent le mot préfix, le Porteur n'a que vingt-quatre heures pour les faire protefter.<br><br>Certificat du 3 Janvier 1783. |
| **MAUBEUGE,** Ville de France, dans le Hainaut. | Lettres de Change,     ) exigibles 6 jours après<br>Billets, valeur comptant,   l'échéance.<br>Billets en marchandifes,   )    Edit de 1718. |

| NOMS DES VILLES. | OBSERVATIONS. |
| --- | --- |
| MEAUX, Capitale de la Brie, sur Marne. | Comme à PARIS. |
| METZ, Capitale du Pays Messin, en Lorraine. | Le Porteur des Lettres-de-change & Billets valeur reçue comptant, ou valeur reçue, peut en exiger le paiement, si bon lui semble, dans tel des dix jours qui suivent l'échéance. Les Billets en marchandises peuvent également se protester le lendemain ; mais il est libre au Porteur d'attendre un mois, & pas au-delà, c'est-à-dire, qu'il doit protester au plus tard dans un mois, autrement il perdroit sa garantie contre les Endosseurs. Certificat du 13 Janvier 1783. |
| MEZIERES, en Champagne. | Comme à PARIS. |
| MILAN, Ville d'Italie. | Point de jours de grace. Cependant le Porteur d'une Lettre-de-change peut accorder quelques jours, pouvu qu'il fasse mettre le vu par un Notaire. |
| MIREBEAU, Ville de Poitou. | Comme à CHATELLERAULT. |

| NOMS DES VILLES. | OBSERVATIONS. |
|---|---|
| MONTARGIS. | Comme à PARIS. |
| MONTAUBAN, Ville de France, en Quercy. | Dans cette Ville & dans le reffort de la Jurif-diction Confulaire, tous les Effets de commerce jouiffent de dix jours de grace. Les protêts fe font le dernier des dix jours.<br>Certificat du 12 Janvier 1783. |
| MONTELIMARD, en Dauphiné. | Comme à GRENOBLE. |
| MONTPELLIER, Ville de France, en Languedoc. | Il n'y a pas de jours de grace acquis; le Porteur a le droit de protefter le lendemain de l'échéance, comme il a la faculté de ne le faire que dans les dix jours, pour Lettres-de-change & Billets valeur reçue comptant, & même, dans trois mois, pour les Billets en marchandifes.<br>Certificat du 6 Juin 1783. |
| MORLAIX, en Bretagne. | Lettres-de-change & Billets valeur comptant, dix jours.<br>Billets en marchandifes, un mois.<br>Certificat du 6 Juin 1783.<br>*Voyez* RENNES. |
| MOULINS, Capitale du Bour-bonnois. | Comme à PARIS. |

| NOMS *DES* VILLES. | OBSERVATIONS. |
| --- | --- |
| **N A N C Y,** Capitale de la Lorraine. | L'ufance eft la même qu'à Paris ; mais les Lettres-de-change & Billets cenfés valeur reçue comptant, ou en marchandifes, ne jouiffent d'aucun jour de grace. Les Porteurs font obligés de les faire protefter le jour de l'échéance, ou la veille, fi elle tombe un jour de Dimanche ou Fête.<br>Certificat des Juge & Confuls de Nancy, du 4 Janvier 1783. |
| **N A N T E S,** en Bretagne. | Lettres-de-change, Billets valeur comptant, ou en marchandifes, dix jours de grace ; mais pour les Billets en marchandifes, le Porteur a la faculté d'attendre trois mois.<br>Certificat du 11 Janvier 1783. |
| **N A P L E S,** Ville d'Italie. | Il y a plufieurs Banques à Naples ; les principales font celles du S. Efprit, celle des Pauvres, celle du Mont-de-Piété, celle de S. Elifée, celle de S. Jacques, &c. Les paiemens des Lettres-de-change, & généralement de toutes les autres dettes, au-deffus de dix ducats, doivent être faits dans une de ces Banques, à peine de nullité ; pour cet effet, tous les Banquiers, Négocians & autres dépofent les fonds qu'ils trouvent à propos dans une de ces Banques ; elle leur délivre une feuille de papier en blanc, paraphée & timbrée du fceau de la Banque, fur laquelle on fait mention de la fomme qu'on y a dépofée ; cette feuille s'appelle *Madrefate*, & peut être regardée comme un compte courant, attendu qu'elle eft tenue en débit & crédit. Ces Banques ne payant que le Samedi de chaque femaine, les Lettres-de-change ou autres effets qui écheoient les autres jours de la femaine, font acquittées par des |

| NOMS DES VILLES. | OBSERVATIONS. |
|---|---|
| SUITE DE NAPLES. | affignations fur la Banque que fourniffent ceux fur qui elles font ; ces affignations doivent faire mention de la chofe pour laquelle on les donne : Par exemple, fi c'eft une Lettre-de-change, on y ftipule d'où, par qui elle eft tirée, en faveur de qui, les endoffemens & les échéances ; on doit avoir foin de faire foufcrire ces affignations en Banque ; & pour lors on rend les Lettres-de-change & autres Effets.<br>    Les Lettres à vue fur Naples n'ont aucuns jours de grace, & les autres en ont trois. |
| NARBONNE, Ville du Langue-doc. | Comme à CARCASSONNE. |
| NÉRAC, en Gafcogne. | Comme à BORDEAUX. |
| NEVERS, Capitale du Nivernois. | Comme à PARIS.<br>Certificat du 18 Juin 1783. |
| NISMES, dans le Bas-Languedoc. | Comme à MONTPELLIER.<br>Certificat des Maire & Echevins, du 4 Janvier 1783. |

| NOMS DES VILLES. | OBSERVATIONS. |
| --- | --- |
| **NIORT,** en Poitou. | Tous les effets n'ont que dix jours , en obfervant cependant que , pour les Billets en marchandifes , le Porteur peut attendre trois mois , fuivant l'ancien ufage , non-feulement de cette Ville , *mais encore de tout le Poitou.* <br><br> Certificat du 7 Janvier 1783. |
| **NOYON,** dans l'Ifle de France. | Comme à **PARIS.** |
| **ORLÉANS.** | Les Lettres-de-Change & Billets à ordre caufés valeur reçue comptant , ou en marchandifes , ont indiftinctement dix jours de grace ; cependant le Porteur d'un Billet en marchandifes peut attendre trois mois pour protefter , fans perdre fa garantie. |

| NOMS DES VILLES. | OBSERVATIONS. |
| --- | --- |
| **PARIS.** | Lettres-de-change , Billets valeur comptant , ou en compte , ou reçue , dix jours de grace.<br>Billets en marchandiſes, un ou trois mois , à la volonté du Porteur.<br>Lettres & Billets , à jour *fix* ou *préfix* , point de jours de grace , ſuivant l'Arrêt de la Cour , portant Réglement , du 2 Juillet 1777. |
| **PARTENAY ,** Ville de Poitou | Comme à CHATELLERAULT. |
| **PAU.** | Rigoureuſement il n'y a point de jours de grace ; mais le Porteur peut attendre dix jours après l'échéance, pour faire le protêt des Lettres & Billets valeur reçue comptant & en marchandiſes. Il faut encore obſerver que, pour ces derniers Billets, on n'obtient la condamnation qu'après , ou avec un terme de trois mois.<br>Certificat du Greffier du Parlement , du 20 Juin 1783. |
| **PERIGUEUX ,** Capitale du Périgord. | Comme à BORDEAUX. |
| **PERPIGNAN ,** Capitale du Rouſſillon. | Tous les Effets de commerce y ſont exigibles le jour de leur échéance ; les jours de grace (1) ſont |

( 1 ) C'eſt-à-dire , pour les Lettres & Billets valeur comptant , dix jours ; & Billets en marchandiſes , un mois.

| NOMS DES VILLES. | OBSERVATIONS. |
|---|---|
| SUITE DE PERPIGNAN, | en faveur du Porteur, qui peut, fi bon lui femble, les accorder, fans nuire à fes droits.<br>Certificat du 17 Janvier 1783. |
| PEZENAS, en Languedoc. | Comme à TOULOUSE. |
| PHILIPPEVILLE, Ville de France, dans le Hainaut. | Comme à VALENCIENNES. |
| POITIERS, Capitale du Poitou. | Comme à CHATELLERAULT.<br>Certificat du 5 Février 1783.<br>Voyez CHATELLERAULT. |
| PONT-A-MOUSSON, en Lorraine. | Comme à METZ. |
| PONT-DE-L'ARCHE, en Normandie. | Comme à ROUEN. |
| PONTHIEU, en Picardie. | Comme à ABBEVILLE. |

| NOMS DES VILLES. | OBSERVATIONS. |
|---|---|
| PONTIVI, en Bretagne. | Comme à RENNES. |
| PONTOISE, Capitale du Vexin François. | Comme à PARIS. |
| PONTORSON, en Normandie. | Comme à ROUEN. |
| QUINTIN, en Bretagne. | Comme à RENNES. |
| QUIMPER-CORENTIN, en Bretagne. | Comme à RENNES. |

| NOMS DES VILLES. | OBSERVATIONS. |
| --- | --- |
| **RHEIMS,** en Champagne. | Les Lettres-de-change , dix jours de grace.<br>Billets valeur reçue comptant , dix jours.<br>En marchandifes , un ou trois mois , à la volonté du Porteur. En Foire , le dernier jour de la Foire.<br>Certificat du 15 Janvier 1783. |
| **RENNES,** Capitale de la Bretagne. | A Rennes , & dans toutes les autres Villes de la Province , excepté à Nantes , les Lettres-de-change , Billets valeur comptant , dix jours.<br>Billets en marchandifes , un mois.<br>Certificat du 14 Janvier 1783.<br>*Voyez* NANTES. |
| **RÉTHEL-MAZARIN,** en Champagne. | Comme à RHEIMS. |
| **RIOM,** en Auvergne. | Comme à PARIS.<br>*Nota.* Les Protêts ne font guere en ufage que pour les Lettres-de-change ; on fe contente de faire de fimples fommations pour les Billets.<br>Certificat des Juge & Confuls de Riom , du 2 Janvier 1783. |

| NOMS DES VILLES. | OBSERVATIONS. |
|---|---|
| ROCHEFORT, fur Mer. | Comme à LA ROCHELLE. |
| ROMANS, en Dauphiné. | Comme à GRENOBLE. |
| ROTTERDAM, Ville de la Hollande. | L'ufance fur Rotterdam eft de trente jours.<br><br>Les Lettres à vue doivent être payées à préfentation.<br><br>Les autres Lettres jouiffent de fix jours de grace. |
| ROUEN, Capitale de Normandie. | On fuit l'Ordonnance de 1673, d'après laquelle les Lettres-de-change & Billets valeur comptant fe proteflent le dixieme jour.<br><br>Et les Billets en marchandifes, dans les trois mois.<br><br>Certificat du 4 Juin 1783. |

| NOMS DES VILLES. | OBSERVATIONS. |
| --- | --- |
| SAINT - AGNAN, en Berry. | Comme à BOURGES. |
| SAINT - BRIEUC, en Bretagne. | Comme à RENNES & MORLAIX. |
| SAINT - CLAUDE, en Franche - Comté. | Comme à BESANÇON. *Voyez* DIJON. |
| SAINT-FLOUR, en Auvergne. | Comme à CLERMONT. |
| SAINT - JEAN d'Angely. | Comme à SAINTES. |

| NOMS DES VILLES. | OBSERVATIONS. |
|---|---|
| SAINT-LO, en Normandie. | Comme à ROUEN. |
| SAINT - MALO, en Bretagne. | Lettres & Billets à ordre, valeur reçue comptant, dix jours de grace.<br>Billets en marchandifes, un ou trois mois, à la volonté du Porteur.<br>Certificat du 4 Février 1783. |
| SAINT-OMER, Ville de France, en Artois. | Les Lettres-de-change, Billets valeur comptant, dix jours de grace.<br>Billets en marchandifes, un mois.<br>*Voyez* SAINT-QUENTIN. |
| SAINT - PAUL, Ville de France. | Les Lettres-de-change, dix jours.<br>Billets valeur comptant, dix jours.<br>Billets en marchandifes, un mois.<br>*Voyez* DOUAY, à la Note. |
| SAINT-QUENTIN, | Les Lettres-de-change, } Billets valeur comptant, } dix jours.<br>Billets en marchandifes, un mois.<br>*Nota.* Il ne faut pas confondre les ufages de Flan- |

| NOMS DES VILLES. | OBSERVATIONS. |
|---|---|
| SUITE DE SAINT-QUENTIN. | dre & ceux de l'Artois, petite Province qui n'a que vingt lieues de tour, sur dix de large. Dans tout l'Artois, on accorde, pour Lettres-de-change & Billets, valeur comptant, 10 jours, & pour les Billets en marchandises, un mois.<br><br>Les Villes de l'Artois sont principalement Béthune, Saint-Paul, Aire, Saint-Omer, Lillers, Lens & Bapaume. *Voyez* ces Villes.<br><br>Certificat des Juge & Consuls de Saint-Quentin, du 15 Janvier 1783.<br><br>*Voyez* DOUAY. |
| SAINT-VALLERY, en Caux. | Comme à ROUEN. |
| SAINT-VALLERY, en Picardie. | Comme à ABBEVILLE. |
| SAINTES, Capitale de la Saintonge. | On suit exactement l'Ordonnance de 1673.<br><br>Certificat du 30 Juillet 1783. |

| NOMS DES VILLES. | OBSERVATIONS. |
| --- | --- |
| SANCERRE, en Berry. | Comme à BOURGES. |
| SAULIEU, en Bourgogne. | *Voyez* DIJON. |
| SAUMUR, en Anjou. | Comme à ANGERS. |
| SEDAN. | Comme à PARIS. Certificat du 2 Juin 1783. *Nota.* On protefte la veille quand le jour de l'échéance tombe une Fête ou un Dimanche ; de même on peut protefter le jour du Dimanche ou de la Fête ; dans l'un & l'autre cas le Protêt eft bon. |
| SÉES OU SÉEZ, en Normandie. | Comme à ROUEN. |

| NOMS DES VILLES. | OBSERVATIONS. |
|---|---|
| SEIGNELEY, en Bourgogne. | Comme à PARIS. |
| SÉMUR, Ville de France en Bourgogne, Capitale de l'Auxois. | Comme à DIJON. |
| SENLIS, dans le Valois. | Comme à PARIS. |
| SENS, en Bourgogne. | Comme à PARIS. |
| SÉVILLE, Ville d'Efpagne. | Quatorze jours de grace. |
| SOISSONS, Capitale du Soiffonnois, dans l'Ifle de France. | Comme à PARIS. |

SPA.

| NOMS DES VILLES. | OBSERVATIONS. |
| --- | --- |
| S P A. | Les Lettres-de-change & Billets, de quelque maniere qu'ils foient caufés , n'ont aucuns jours de grace. Le Porteur doit protefter le lendemain de l'échéance ; autrement il perd fon action en garantie.<br>Acte de notoriété du 24 Mai 1777. |
| THIERS, Ville d'Auvergne. | *Voyez* CLERMONT. |
| THIONVILLE, dans le Luxembourg. | Comme à METZ. |
| THOUARS, Ville du Poitou. | Comme à CHATELLERAULT. |
| TONNERRE, en Champagne. | Comme à PARIS. |

| NOMS DES VILLES. | OBSERVATIONS. |
|---|---|
| **TOUL**, en Lorraine. | **Comme à METZ.** |
| **TOULOUSE**, dans le Haut-Languedoc. | Le porteur d'une Lettre-de-change a la faculté de la faire protefter le lendemain de l'échéance, ou d'attendre le dixieme jour, fans être expofé à perdre fa garantie. On fuit le même ufage pour les Billets, avec cette différence, que, pour ceux valeur en marchandifes, le porteur peut attendre trois mois fans nuire à fes droits contre les Endoffeurs. Acte de notoriété du 26 Novembre 1762. Les effets, payables à jour fixe ou préfixe, ne jouiffent d'aucuns jours de grace. |
| **TOURS**, Ville de France, Capitale de la Touraine. | Lettres-de-change, 10 jours de grace. Billets valeur comptant, 10 jours. Billets en marchandifes, 10 jours; mais le porteur a la faculté de protefter dans les trois mois, fans perdre fon action en garantie. |

| NOMS DES VILLES. | OBSERVATIONS. |
|---|---|
| SUITE DE TOURS. | Lorfque l'échéance tombe un jour de Fête, le paiement s'exige la veille ( 1 ).<br>Certificat des Confuls de Tours.<br>*Voyez* DIJON. |
| TREGUIER, en Bretagne, onze lieues de Saint-Brieuc. | Comme à RENNES. |
| TROIES, en Champagne. | Comme à PARIS.<br>Certificat des Juge & Confuls de Troies, 31 Décembre 1782.<br>*Voyez* PARIS. |
| TULLE, en Limoufin. | Comme à CLERMONT. |

(1) Il y a des villes où cet ufage n'a pas lieu.

| NOMS DES VILLES. | OBSERVATIONS. |
|---|---|
| TURIN. | Les Lettres-de-change à vue fur Turin, doivent être payées à leur préfentation.<br>Les ufances y font comptées pour les Lettres qui viennent de l'Etranger ; fçavoir,<br>Pour celles d'Angleterre , de trois mois de date ;<br>Pour celles de la Hollande , de deux mois de date ;<br>Pour la France, d'un mois de date.<br>Pour toutes les autres Places , le terme pour le paiement des Lettres-de-change commence dès le jour qu'on les préfente pour l'acceptation , & il expire dans le nombre des jours qu'il faut ordinairement pour l'envoi des Lettres & réponfes par la voie ordinaire de la Pofte, depuis le lieu d'où les Lettres-de-change font tirées , jufqu'à celui ou elles doivent être acquittées , & cela par regle fixe ; ce qui fait que communément l'on regle les ufances : fçavoir ,<br>De Geneve , Milan & Gênes , à 8 jours de vue.<br>De Venife , De Florence, De Livourne, De Rome , } à 10 jours de vue.<br>De Vienne , D'Augufte , Des autres Places , D'Allemagne. } à 15 jours de vue.<br>Par ordre du Roi, pour ce qui concerne les Lettres-de-change , dans lefquelles le temps de l'échéance fera fixé, l'on ne devra pas différer de les préfenter au-delà du terme de deux mois de- |

| NOMS<br>DES<br>VILLES. | OBSERVATIONS. |
|---|---|
| SUITE DE<br>TURIN. | puis leur date ; & il en fera de même par rapport à la demande du paiement de celles *qui font payables à vue* ( 1 ) ; autrement l'on fera cenfé n'avoir pas fait fes diligences.<br><br>Le jour de la date des Lettres doit être compté pour un jour de l'échéance.<br><br>Quant aux jours de grace , le terme de cinq jours eft arbitraire au porteur de la Lettre-de-change , c'eft-à-dire , qu'il peut la faire protefter le jour de l'échéance , ou en différer le protêt jufqu'au cinquieme jour , après le terme fixé par les mêmes Lettres , y compris les jours de Fêtes , à moins que le cinquieme jour ne fe trouve Fête , auquel cas le protêt feroit différé jufqu'au premier jour non férié.<br><br>Les jours de faveur ne feront cependant pas pour les Lettres à vue , non plus que pour celles à jour nommé.<br><br>La coutume pour les paiemens eft que l'on y paie le lundi les négociations qui fe font faites entre Négocians de la Place pendant les jeudi, vendredi & famedi ; & le jeudi on paie celles des lundi , mardi & mercredi.<br><br>Mais ce n'eft qu'une coutume qu'on n'eft pas obligé d'obferver ; car celui qui livre une Lettre-de-change , eft en droit de fe la faire payer fur le champ.<br><br>Quant aux Lettres-de-change , tirées de l'Etranger fur Turin , elles doivent être payées le lendemain de leur échéance ; le jour auquel elles échoient, étant pour le débiteur comme on l'a dit ci-deffus. |

( 1 ) Nous n'avons point en France de règles certaines à cet égard : auffi voit-on fouvent des porteurs de Lettres-de-change à vue , fe préfenter après 4 , 5 & 6 ans de leur date , & en demander le paiement , fous prétexte qu'une pareille Lettre n'a d'autre échéance que la préfentation.

| NOMS DES VILLES. | OBSERVATIONS. |
|---|---|
| **USEZ,** dans le Bas-Languedoc. | Comme à TOULOUSE. |
| **VALENCE,** en Dauphiné. | Comme à GRENOBLE. |
| VALENCIENNES, Capitale du Hainaut. | Il a été créé dans cette Ville une Jurifdiction Confulaire en 1718. L'article 20 de l'Edit porte : « Afin que l'ufage foit uniforme dans les parties du » Hainaut, Chef-lieu, Pays d'entre Sambre & » Meufe, Terres franches, Enclavemens & An- » nexes de notre obéiffance ; ordonnons que les » Billets *à ordre*, *Lettres-de-change* & *Billets* pour » valeur en marchandifes, feront exigibles fix jours » après l'échéance ; que les porteurs les pourront » faire protefter dans ledit temps de fix jours, & » *que les ufances feront comptées par mois ordinai-* » *res*, & non de 30 jours. » Toutes les Villes du Hainaut font donc foumifes à l'ufage prefcrit par cette loi. *Voyez* LILLE. |
| **VANNES,** en Bretagne. | Comme à PARIS. Certificat des Juge & Confuls de Vannes, du 2 Janvier 1783. |
| **VARZY,** Diocèfe d'Auxerre | Comme à AUXERRE. |

| NOMS DES VILLES. | OBSERVATIONS. |
|---|---|
| VENDÔME, Capitale du Ven-dômois. | Comme à PARIS. |
| VENISE, Ville d'Italie. | Six jours de faveur ; les Dimanches & Fêtes n'y font pas compris. |
| VERDUN, en Lorraine. | Comme à METZ. |
| VERNEUIL, en Normandie. | Comme à ROUEN. |
| VERNON, en Normandie. | Comme à ROUEN. |
| VERSAILLES. | Comme à PARIS. |
| VIENNE, en Autriche. | L'ufance des Lettres fur Vienne, eft de quatorze jours, qui fe comptent dès le jour de l'acceptation. Toutes les Lettres payables à demi-ufo, à ufo, à deux ufo, & à quelques femaines de date, *ont 30 jours de grace.* Les Lettres à vue, ou à peu de jours, & à un jour *préfixe*, ne jouiffent d'aucuns jours de grace. |

| NOMS DES VILLES. | OBSERVATIONS. |
| --- | --- |
| VIENNE, en Dauphiné. | Comme à GRENOBLE. |
| VIMOUTIER, en Normandie. | Comme à CAEN & à ROUEN. |
| VIRE, en Normandie. | Comme à PARIS. Certificat des Juge & Consuls de Vire, du 10 Février 1783. |
| VITRÉ, en Bretagne. | Comme à RENNES. |
| VITRI-LE-FRANÇOIS, en Champagne. | Comme à PARIS. |

## FIN.

*Lu & approuvé, ce 1er Mars 1785.* **CADET DE SAINEVILLE.**

De l'Imprimerie de la Veuve HERISSANT, rue Neuve Notre-Dame. 1785.

9 782329 422411